MW01634871

Gouvernement du Québec – Programme de crédit d'impôt
pour l'édition de livres – Gestion Sodec

info@lesmalins.ca

Éditeur : Marc-André Audet
Textes : Louise D'Aoust
Correctrice : Diane Gionet
Conception graphique et montage : Shirley de Susini
Illustratrice : Louise D'Aoust

Dépôt légal – Bibliothèque et Archives nationales du Québec, 2013
Dépôt légal – Bibliothèque et Archives Canada, 2013

ISBN: 978-2-89657-190-1

Imprimé au Canada.

Nous reconnaissons l'aide financière du gourverment du Canada
par l'entremise du Fonds du livre du Canada pour nos activités d'édition.

Les éditions les Malins inc.
5967 rue de Bordeaux
Montréal, Québec
H2G 2R6

Fafounet

Chez le Docteur

Aujourd'hui, notre super héro Fafounet va chez le médecin, la Dre Boubou, pour découvrir s'il a grandi depuis sa dernière visite d'il y a six mois.

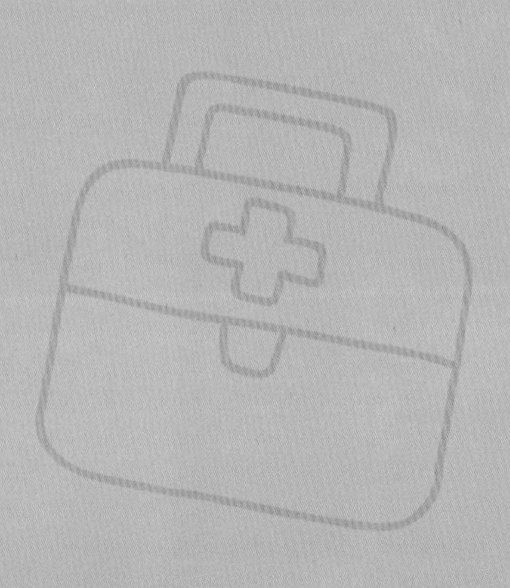

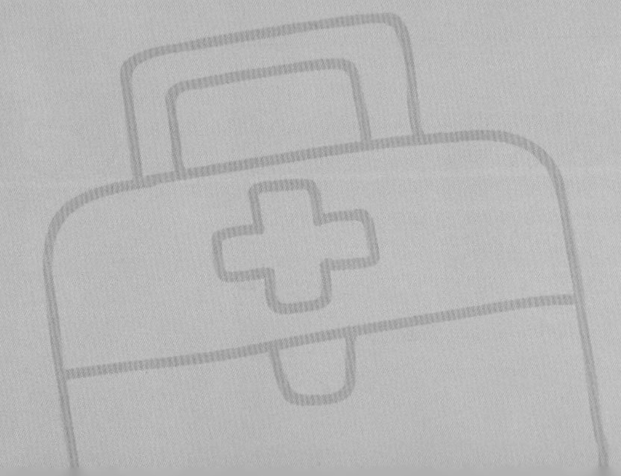

BUREAU DE
LA DOCTEURE
BOUBOU

Arrivé chez le médecin,
la secrétaire interpelle Fafounet :
« Fafounet, tu peux aller dans
le bureau No 1. La Dre Boubou
va venir te voir dans quelques
instants. »

BUREAU
NO 1
POUR BIEN
GRANDIR
#1

Fafounet se dirige vers le bureau
du médecin, ouvre la porte
et découvre avec enthousiasme
une panoplie d'objets intrigants.

#1
WOW

Son regard est
attiré par le dessin d'une très
grande girafe sur le mur,
recouverte de chiffres
parfaitement tracés pour
mesurer petits et grands.

Fafounet s'approche, pose un de
ses pieds le long du cou de la
girafe et s'amuse à le mesurer.

E 1
F P 2
#1

Puis, intrigué, il se dirige
vers le microscope et regarde à
travers l'objectif.

« Mmmm, se dit-il,
il n'y a pas d'image ! »

E
1
F
ZVARU

Mais comme notre ami a toujours
plus d'un tour dans son sac,
il décide de couper un de
ses cheveux, le place
sous la lame du microscope
et l'examine attentivement.

« **Wow !** s'exclame t il,
il a grossit ! »

E
1
F
#1

Puis, il met la lampe
sur son front, les lunettes de la
doctoresse sur son nez,
le stéthoscope à ses oreilles,
le thermomètre dans sa main
et ausculte le petit coeur de
son toutou préféré, Baleineau.

« Tout va bien, dit Fafounet,
tu es en parfaite santé Baleineau ! »

#1

Par la suite, il s'amuse avec
les boules de ouate et les cotons
tiges. Il en met dans son nez,
ses oreilles et sous son chandail.
Il se regarde ensuite dans le
miroir et éclate de rire!

Il rit tellement qu'il trébuche, et se retrouve devant la pièce de la radiologie où l'on prend des photographies de l'intérieur du corps humain.

RADIOLOGIE
PERSONNEL AUTORISÉ SEULEMENT
#1

Amusé, il prend des radiographies
de sa bouche, de son nez,
de sa main, de son pied et de ses
foufounes quand, tout à coup,
il entend une voix qui l'appelle !

RADIOLOGIE
#1

« **Fafounet !** »

Fafounet s'empresse de cacher, sous son chandail et derrière son dos, ses radiographies.

« Fafounet, dit enfin la secrétaire, La Dre Boubou ne pourra pas te voir aujourd'hui. Elle doit se rendre à l'hôpital pour une urgence. »

#1

Fafounet quitte hâtivement le bureau, les radiographies cachées sous son chandail. Arrivé à la maison, ravi de sa visite colorée chez le médecin, il décide de décorer sa chambre avec ses radiographies.

Et devinez quoi?

#1

Il a même une radiographie
de son Baleineau adoré !...
Comme c'était amusant
d'aller chez la docteure,
et cela, même si Fafounet
n'a pas pu la voir...

Les radiographies

SES POUMONS

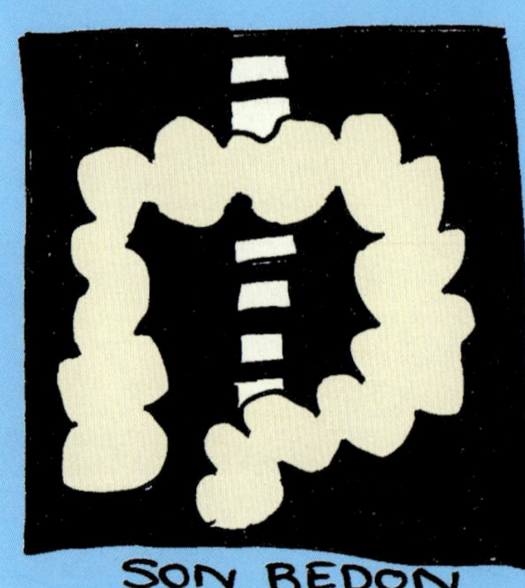
SON BEDON

SES FOUFOUNES

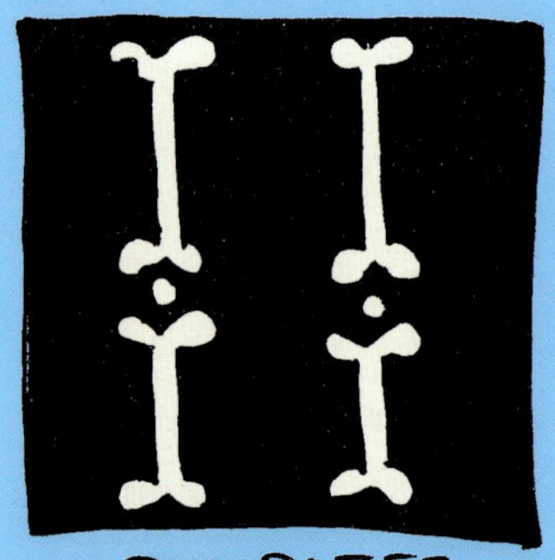
SES PATTES

SON NEZ

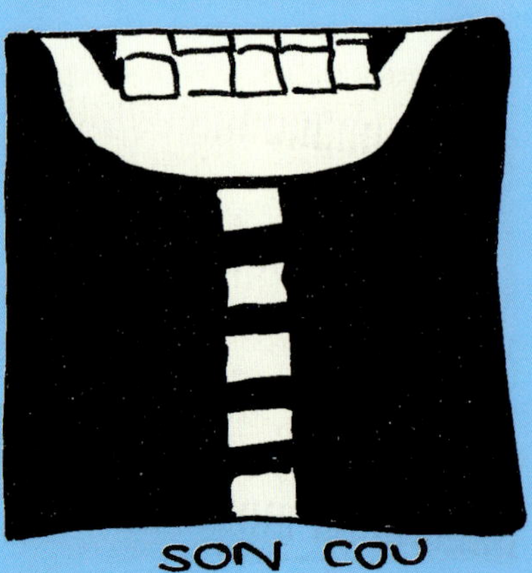
SON COU

de Fafounet

SA MAIN

SON PIED

SON OREILLE

SON GROS ORTEIL

SES DENTS

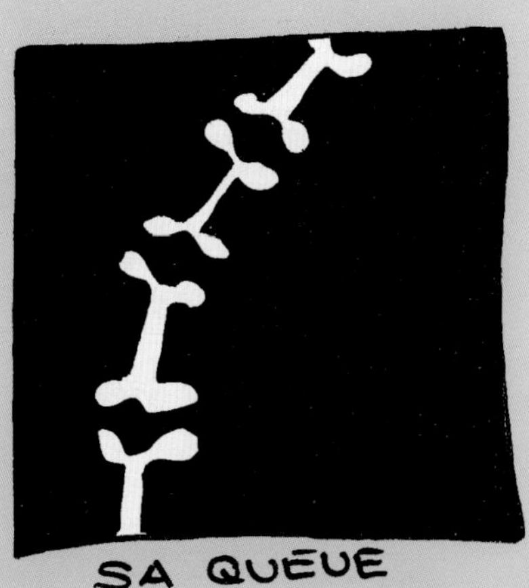
SA QUEUE

Fafounet

De la même collection, découvrez aussi :

Fafounet voit la vie en vert

Fafounet Le mystère d'Halloween

Fafounet et la surprise de Noël

Fafounet part en voyage

Fafounet va à l'école

Fafounet et la chasse aux cocos de Pâques

Fafounet et le secret du temps

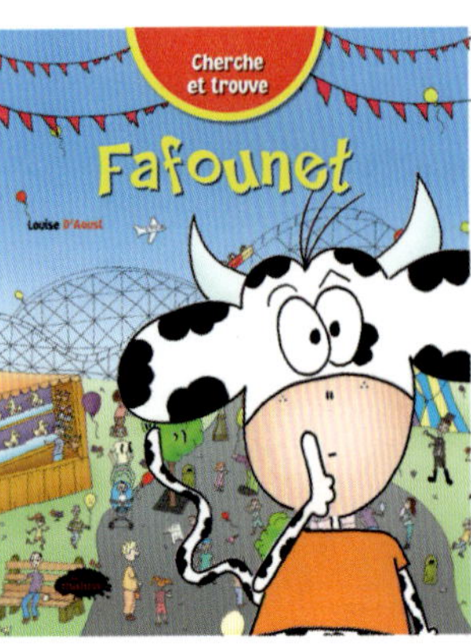

Fafounet cherche et trouve

Fafounet s'amuse

Fafounet
une année bien remplie